SYLVANUS Mulowayi Wa Kayumba

ALLIANCE ABRAHAMIQUE

SYLVANUS Mulowayi Wa Kayumba

ALLIANCE ABRAHAMIQUE

Bénédictions & Malédictions des Générations

Éditions Croix du Salut

Imprint

Cover image: www.ingimage.com

Publisher:
Éditions Croix du Salut
is a trademark of
Dodo Books Indian Ocean Ltd., member of the OmniScriptum S.R.L Publishing group
str. A.Russo 15, of. 61, Chisinau-2068, Republic of Moldova Europe
Printed at: see last page
ISBN: 978-620-3-84282-1

8
GRANDES ALLIANCES
BIBLIQUES
4. Alliance Abrahamique

Alliance Abrahamique

INTRODUCTION

La fin de l'Alliance Noachide coïncide avec la Tout de Babel.

Les hommes sur la terre ont rejeté la pierre pour construire avec la brique qui représente la pensée humaine.

Ainsi Dieu vint et les dispersa sur la surface de la terre et confondit leur langage.

C'est après que Dieu appela Abraham et fit avec lui une alliance.

Cette alliance fut conclue entre Dieu et Abraham ainsi que tous ses descendants et elle s'étend aussi à toutes les familles de la terre.

Abraham obéit partiellement au commandement de Dieu et ne se sépara pas de son frère Lot.

Il nous arrive souvent de ne pas complètement lui obéir car sans Jésus, nous ne pouvons rien.

« L'Éternel dit à Abram: Va-t-en de ton pays, de ta patrie, et de la maison de ton père, dans le pays que je te montrerai.

Je ferai de toi une grande nation, et je te bénirai; je rendrai ton nom grand, et tu seras une source de bénédiction.

Je bénirai ceux qui te béniront, et je maudirai ceux qui te maudiront; et toutes les familles de la terre seront bénies en toi. » Genèse 12:1-3

Cette alliance consistait à :

- Quitter le pays d'origine,
- Quitter sa patrie,
- Quitter la maison de son père,
- Ce que Dieu le fasse une grande nation,
- Ce que Dieu le bénisse,
- Ce que Dieu rende son nom grand,
- Ce que Dieu le rende une source de bénédiction,
- Ce que Dieu bénisse ceux qui le béniront,
- Ce que Dieu maudisse ceux qui le maudiront

- Ce que toutes les familles de la terre soient bénies en lui.

Nous ne devons plus vivre selon les habitudes et les mœurs de notre pays d'origine, de notre patrie et de la maison de notre père.

En prenant cette discipline, nous pouvons ainsi, par le Nom Puissant de Jésus devenir une grande nation, obtenir la bénédiction de Dieu et qu'il rende notre nom grand.

Au fait le pays d'origine est celui de notre société de naissance ou de vie sociale. Et nous y trouvons des mœurs propres au peuple avec lequel nous partageons la vie quotidienne.

Il y a des peuples qui acceptent par exemple l'homosexualité comme ce l'était à Sodome et Gomorrhe. Il y en a qui autorisent la polyandrie et d'autres encore qui admettent la polygamie.

Il y a des peuples qui offrent aux visiteurs une de leurs femmes pour montrer l'hospitalité et l'abord.

Certains peuples initient leurs enfants à la magie et aux pratiques démoniaques.

Dans certaines traditions, la fille ne peut être déflorée avant le mariage par son propre père et ailleurs c'est un oncle ou par un groupe de femmes bien choisies avec un petit pilon en bois.

Chaque peuple a ses us et coutumes qu'il trouve comme une référence pour sa société.

Un exemple très courant pour les africains qui vivent en Europe est que frapper sa propre femme devient une agression, un abordage punissable par la loi. Et pourtant le même acte posé en Afrique est normal, acceptable et toléré, même devant l'officier de justice qui de fois se comporte aussi ainsi devant sa propre femme.

Il y a des peuples chez lesquels, un homme qui ne frappe pas sa femme, ne l'aime. Chez eux, aimez une femme, c'est la faire souffrir.

Nous devons sortir de nos us et coutumes pour aller vers la volonté de Dieu qui nous appelle pour notre salut et pour notre rédemption.

Notre tradition peut apparemment nous plaire ou nous rassasier, mais elle n'est pas la volonté de Dieu qui a créé les cieux et la terre.

On ne peut pas amener un véhicule dans un garage d'une autre marque de véhicule, car il y aura un problème de pièces de rechange.

L'oiseau vit dans les airs, le poisson dans l'eau et l'homme créé à l'image et à la ressemblance de Dieu, devra vivre dans la Parole de Dieu.

C'est parfois pénible et même malaisé, mais pourtant c'est là la volonté de Dieu qui est venu nous tirer de la captativité du péché pour nous introduire dans la vie éternelle.

« ***Tu n'agiras pas ainsi à l'égard de l'Éternel, ton Dieu; car elles servaient leurs dieux en faisant toutes les abominations qui sont odieuses à l'Éternel, et même elles brûlaient***

au feu leurs fils et leurs filles en l'honneur de leurs dieux. » Deutéronome 12:31

De pareilles pratiques continuent encore même de nos jours dans certains coins d'Afrique où l'on enterre le roi avec des serviteurs vivants pour l'accompagner dans l'au-delà.

Nous ne devons pas agir comme les autres car Dieu veut que nous marchions celle sa Parole et non selon nos us et coutumes. C'est ainsi que ordonna Abraham à quitter la maison de son pays d'origine, sa patrie et la maison de son père.

« ***Ils firent passer par le feu leurs fils et leurs filles, ils se livrèrent à la divination et aux enchantements, et ils se vendirent pour faire ce qui est mal aux yeux de l'Éternel, afin de l'irriter***. » 2 Rois 17:17

Les pratiques des peuples sont acceptables et tolérables devant leurs propres eux et ils ont même l'habitude de dire : « C'est comme ça que ça se passe chez nous ».

Alors que certaines pratiques sont humiliantes et mortifiantes, les peuples n'ont pas d'autre choix que de les suivre aveuglement par suivisme et par conservatisme comme un aveugle conduit par un chien.

UN AVEUGLE CONDUIT PAR UN AUTRE AVEUGLE

Ce chien ne peut ramener cette dame qu'à la maison ou la conduire dans les lieux des habitudes familiales.

Ce chien ne pourra jamais guider cette dame dans un magasin et l'aider à faire des courses.

C'est l'analogie d'un aveugle qui conduit un autre aveugle.

« ***Laissez-les: ce sont des aveugles qui conduisent des aveugles; si un aveugle conduit un aveugle, ils tomberont tous deux dans une fosse.*** » Mathieu 15 :14

Beaucoup d'enfants de Dieu sont aveuglement conduits par des guides qui manquent d'attachement à la vision de Dieu. Ils mélangent la Parole de Dieu avec les us et coutumes des lieux d'origine ou de vie communautaire.

Les scribes, les pharisiens ainsi que les saducéens étaient aussi des aveugles conduisant d'autres aveugles. C'est pourquoi dans notre dispensation, dans la nouvelle alliance que nous aborderons plus loin, nous sommes conduits, non pas par les hommes, mais par le Saint-Esprit, qui est Dieu lui-même.

« ***Mais vous recevrez une puissance, le Saint Esprit survenant sur vous, et vous serez mes témoins à Jérusalem, dans toute la Judée, dans la Samarie, et jusqu'aux extrémités de la terre.*** » Actes 1 :8

Jésus ne voulut point que Pierre conduise les autres apôtres car nous connaissons en partie et nous prophétisons en partie. C'est pour cette noble raison que nous avons de réunir les cinq ministères pour l'édification des saints.

Aujourd'hui, ce sont les fondateurs ou les représentants légaux qui conduisent le peuple de Dieu, chacun de sa propre manière et de prétendant détenir toute la vérité.

Nous avons besoin du Saint-Esprit qui est Dieu lui-même afin respecter scrupuleusement les instructions relative à l'alliance avec Dieu.

SOULUTION MEDICALE POUR LA CECITE

La médecine moderne a finalement trouvée une solution pour recouvrir la vue à l'aide des lunettes appropriées. Coup de chapeau aux scientifiques qui ont travaillé d'arrache-pied pour atteindre ce niveau.

Cependant, l'aveugle Barthimée n'avait pas besoin des lunettes pareilles pour recouvrir la vue.

La Parole de Dieu est plus puissante et plus active que la médecine moderne.

« ***Jésus leur répondit: Allez rapporter à Jean ce que vous entendez et ce que vous voyez:***

Les aveugles voient, les boiteux marchent, les lépreux sont purifiés, les sourds entendent, les morts ressuscitent, et la bonne nouvelle est annoncée aux pauvres.

Heureux celui pour qui je ne serai pas une occasion de chute! » Mathieu 11 :4-6

Voilà le signe de la puissance de Dieu :

- Les aveugles voient,
- Les boiteux marchent,
- Les lépreux sont purifiés
- Les sourds entendent
- Les morts ressuscitent et
- La Bonne Nouvelle est annoncées aux pauvres.

Sans lunettes, les aveugles voient par la foi en Jésus. Les boiteux marchent sans béquilles. Les lépreux sont purifiés sans aucun traitement médical.

Les sourds entendent sans écouteurs et même les morts peuvent revenir à la vie comme Lazare.

Chaque peuple vient au Seigneur avec Sarah, Lot, Ismaël et Isaac. Abraham partit avec Sarah sa femme, mais fit aussi venir avec lui Lot son neveu contrairement à la volonté de Dieu.

Une fois de plus, nous devons bien écouter minutieusement les instructions de notre Dieu Conformément à sa Parole.

Ainsi pendant tout le temps qu'ils passèrent avec Lot, sa femme et ses serviteurs, Abraham n'avait pas encore rempli toutes les conditions requises pour être digne de recevoir les bénédictions liées à la promesse de Dieu.

En effet, l'Alliance d'Abraham coïncidence aussi avec la dispensation de la promesse et il y a des préalables à remplir avant de bénéficier des bénédictions y afférentes.

ABRAHAM ET SARAH EN EGYPTE

« ***Il y eut une famine dans le pays; et Abram descendit en Egypte pour y séjourner, car la famine était grande dans le pays.***

Comme il était près d'entrer en Egypte, il dit à Saraï, sa femme: Voici, je sais que tu es une femme belle de figure.

Quand les Egyptiens te verront, ils diront: C'est sa femme! Et ils me tueront, et te laisseront la vie.

Dis, je te prie, que tu es ma sœur, afin que je sois bien traité à cause de toi, et que mon âme vive grâce à toi. »

Quand il y eut famine dans le pays, Abraham descendit en Egypte. Descendre est plus facile que monter. Mais monter est un exercice qui exige un soutient de la part de Dieu. C'est ainsi que les enfants d'Abraham montèrent du pays d'Egypte vers la Terre Promise sous la conduite de Moïse, le Libérateur.

DESCENTE ET MONTEE

La famine fit descendre Abraham en Egypte alors que Dieu le voyait dans la Terre Promise.

Rester dans la Terre Promise représente l'esprit et l'Egypte représente la chair. Aller en Egypte, c'est vivre selon la chair. Il suivit ainsi la voix de la chair en ces moments difficiles de la grande famine dans son pays d'origine qu'il devait quitter selon les instructions que Dieu lui avait données à son appel.

Dieu ne lui avait pas dit d'aller en Egypte, malgré la famine qu'il y eut dans son pays. Il devait s'accrocher à la promesse de Dieu.

Nous devons toujours faire attention à la voix de la chair, car le plus grand ennemi de l'homme, c'est son propre corps qui a des désirs contraires à ceux de l'Esprit.

C'est à cause de cela qu'il faudra naître de nouveau, comme Jésus lui-même le dit en son temps à Nicodème.

« ***Jésus répondit: En vérité, en vérité, je te le dis, si un homme ne naît d'eau et d'Esprit, il ne peut entrer dans le royaume de Dieu.***

Ce qui est né de la chair est chair, et ce qui est né de l'Esprit est Esprit. » Jean 3 :5-6

Abraham suivit en ce temps-là la voix de la chair et considéra la grandeur de la famine sur le pays plutôt que celle de Dieu derrière sa Parole.

C'est pour cela que nous avons besoin de nous laisser conduire par le Saint-Esprit et non par la chair et ses désirs.

Celui qui suit la voix de la chair descend en Egypte vers la maison de la captivité et celui-là qui suit la voix de l'Esprit de Dieu est en train de monter vers la Terre Promise.

C'est fut ainsi que le roi d'Egypte prit pour femme Sarah, afin qu'Abraham ait la vie sauve. Et plus tard, Dieu frappa la maison de Pharaon qui remit la femme à Abraham avec une servante et des biens et ils retournent dans leur pays.

LOT

La première pierre d'achoppement dans la réalisation de la promesse de l'Alliance Abrahamique fut liée à Lot, le neveu d'Abraham qui n'avait pas encore d'enfants non plus.

« ***Et la contrée était insuffisante pour qu'ils demeurassent ensemble, car leurs biens étaient si considérables qu'ils ne pouvaient demeurer ensemble.***

Il y eut querelle entre les bergers des troupeaux d'Abram et les bergers des troupeaux de Lot. Les Cananéens et les Phérésiens habitaient alors dans le pays.

Abram dit à Lot: Qu'il n'y ait point, je te prie, de dispute entre moi et toi, ni entre mes bergers et tes bergers; car nous sommes frères.

Tout le pays n'est-il pas devant toi? Sépare-toi donc de moi: si tu vas à gauche, j'irai à droite; si tu vas à droite, j'irai à gauche. » Genèse 13 : 6-9

Abraham ne pouvait plus restait ensemble avec son neveu Lot malgré son attachement envers lui. La raison de leur séparation commença par l'insuffisance du lieu où ils demeuraient avec leurs serviteurs et leurs troupeaux.

Ensuite, il y eut querelles entre les bergers des troupeaux d'Abraham et ceux de Lot.

Ce n'était pas une division, mais juste une séparation. Ne nous divisons pas de nos familles pour nous attacher à Dieu, séparons-nous tout simplement et nous pourrions ainsi gagner les faibles au Seigneur au fil de temps.

Il existe deux types de frontières entre les pays :

- La frontière de séparation et
- La frontière de division.

La frontière de séparation est celle qui se trouve entre deux pays dont les habitants peuvent se fréquenter moyenne une autorisation d'entrée et de sortie dans le respect du délai de séjour.

La frontière de division est celle comprise entre deux pays en hostilité et dont les habitants respectifs ne sont pas autorisés de se fréquenter pendant toute la période de guerre.

Abraham n'avait pas personnellement pas de problème avec son neveu Lot. Mais les circonstances de la vie ne lui permettaient plus de rester avec lui.

Finalement, ils finirent par se séparer et Abraham donna à Lot la liberté du choix. Et ce fut ainsi qu'il se décida d'aller s'installer à Sodome et Gomorrhe.

Il y eut de la paix entre les deux, mais la promesse d'Abraham ne se réalisa immédiatement. Il y avait encore bien de choses à faire pour atteindre le linteau de la volonté de Dieu.

Tu ne dois pas te diviser de ton « Lot », mais tu devras sagement et prudemment te séparer de lui.

Qui est ton « Lot » ?

Bonne question.

Lot est une personne pour laquelle tu as de la faiblesse et pour laquelle tu trouves toujours une fugace justification même si ladite personne n'a pas raison.

Souvent, en Afrique, les derniers enfants sont les plus aimés des parents et cela provoque la jalousie et même la division au sein de la famille.

Ne combattons pas les autres comme des sorciers, mais combattons sagement leur soi-disant sorcellerie et récupérons-les pour ainsi les amener dans le Royaume de Dieu car nous aussi, un jour, d'une manière ou d'une autre nous étions aussi des « Lot » pour les autres.

Ne nous divisons pas inutilement à cause de nos différentes manières d'approche de la vie, bien au contraire cherchons à devenir meilleurs chaque fois que nous nous rencontrons.

Lot partit loin d'Abraham, mais il ne fut pas béni aussitôt.

Il devait parcourir encore d'oblongs kilomètres pour expérimenter les promesses liées à l'alliance qui porte son nom.

Le grand problème ce n'est vraiment pas les autres. C'est plus une question entre l'homme intérieure et l'homme extérieur. Nous sommes tous responsables de tout ce qui nous arrive même s'il existe des malédictions de générations.

« ***Dès qu'Abram eut appris que son frère avait été fait prisonnier, il arma trois cent dix-huit de ses plus braves serviteurs, nés dans sa maison, et il poursuivit les rois jusqu'à Dan.***

Il divisa sa troupe, pour les attaquer de nuit, lui et ses serviteurs; il les battit, et les poursuivit jusqu'à Choba, qui est à la gauche de Damas.

Il ramena toutes les richesses; il ramena aussi Lot, son frère, avec ses biens, ainsi que les femmes et le peuple. » Genèse 14 :14-16

Il n'y avait pas une frontière de division entre Abraham et Lot. C'était juste une frontière de séparation. Et dès qu'il apprit la nouvelle de la prise en captivité de son neveu Lot. Que la distance ne nous tourne pas en ennemis inutilement car quitter la maison de son père avec son corps et son esprit.

Les gens que nous devons amener au Seigneur doivent avoir une place dans notre cœur afin que la compassion puisse se manifester en leur faveur.

Sans la compassion dans le cœur du gagneur d'âmes perdues ne sauront pas être amenées au Seigneur Jésus. Abraham n'accepta point de laisser son neveu captif. Il s'organisa pour lui venir au secours.

Il se comporta comme un véritable chef de guerre et descendit sur le champ de bataille pour récupérer son frère Lot et toute sa famille, ses serviteurs et tous ses biens.

La vie chrétienne est une vie d'un soldat sur le champ de bataille.

Notre combat n'est pas dans la chair, mais dans l'esprit, dans la prière et dans la méditation de la Parole de Dieu.

Nous devons passer du temps dans la prière pour le salut des âmes qui sont encore captives dans les désirs de la chair et sous la puissance du péché.

Abraham était loin de Lot, mais il le portait dans son cœur. Nous sommes sauvés pour sauver les autres. Ainsi ne leur fermons pas le cœur, même si physiquement, ils sont loin de nous.

Abraham ne perdit point du temps quand il apprit que son frère avait été fait prisonnier, il prit tris cent dix-huit braves serviteurs, nés dans sa maison et poursuivit les rois jusqu'à Dan. Il les bâtit et ramena Lot, son frère, avec ses biens, ainsi que les femmes et le peuple.

Qui d'entre nous pourrait se battre contre la sorcellerie et contre les doctrines sataniques qui tiennent captifs ceux-là que nous portons dans nos cœurs afin que nous héritions tous la vie éternelle ?

Si nous nous aimons tous comme Abraham aimait son frère Lot, sachons que nous avons été sauvés pour sauver les autres afin que tous comme les membres d'un seul corps nous retrouver en Jésus-Christ.

Il y a une puissance plus importante dans la prière d'ensemble pour une cause bien déterminée qui peut changer le cours des événements en la faveur des victimes de la captivité de la chair et de la prison du péché.

LA STERILITE DE SARAH

« ***Après ces événements, la parole de l'Éternel fut adressée à Abram dans une vision, et il dit: Abram,*** *ne crains point; je suis ton bouclier, et ta récompense sera très grande.*

Abram répondit: *Seigneur Eternel, que me donneras-tu? Je m'en vais sans enfants; et l'héritier de ma maison, c'est Eliezer de Damas.* » Genèse 15 :1-2

Les difficultés ainsi que les épreuves nous font oublier les promesses de Dieu dans notre vie. A son appel, Dieu avait dit à Abraham qu'il fera de lui une grande nation. Et voilà comment, cet homme ayant en lui la promesse de grande nation se plaignit devant Dieu de n'avoir point d'enfants et que ce pourrait être qu'Eliezer, son serviteur qui soit finalement l'héritier de sa maison.

« ***Alors la parole de l'Eternel lui fut adressée ainsi: Ce n'est pas lui qui sera ton héritier, mais c'est celui qui sortira de tes entrailles qui sera ton héritier.*** » Genèse 15 :4

Dieu confirma que l'héritier sortira des entrailles d'Abraham malgré son âge et malgré tout le temps que cette promesse prendra pour s'accomplir. Car la Parole de Dieu ne retourne jamais sans produire les effets pour lesquels elle est sortie.

Il suffit d'avoir de la patience pour recevoir ce que Dieu nous a promis dans sa Parole qui ne passera pas.

Après avoir promis à Abraham que sa prospérité sera aussi nombreuse que les étoiles du ciel, il lui parla de la captivité et de l'exode de ses enfants du pays d'Egypte.

« ***Et l'Eternel dit à Abram: Sache que tes descendants seront étrangers dans un pays qui ne sera point à eux; ils y seront asservis, et on les opprimera pendant quatre cents ans.***

Mais je jugerai la nation à laquelle ils seront asservis, et ils sortiront ensuite avec de grandes richesses.

Toi, tu iras en paix vers tes pères, tu seras enterré après une heureuse vieillesse. » Genèse 15 :13-15

Dieu précisa la durée de la captivité d'Israël au pays d'Egypte alors que Sarah était encore stérile.

Dieu a déjà fait sa part et c'est à nous nous approprier la promesse jusqu'à ce qu'elle s'accomplisse effectivement. Et ce jour-là Abraham offrit des sacrifices à Dieu.

« ***Abram répondit: Seigneur Éternel, à quoi connaîtrai-je que je le posséderai?***

Et l'Éternel lui dit: Prends une génisse de trois ans, une chèvre de trois ans, un bélier de trois ans, une tourterelle et une jeune colombe.

Abram prit tous ces animaux, les coupa par le milieu, et mit chaque morceau l'un vis-à-vis

de l'autre; mais il ne partagea point les oiseaux.

Les oiseaux de proie s'abattirent sur les cadavres; et Abram les chassa. » Genèse 15 :8-11

Une bonne offrande nous garde dans notre alliance avec Dieu. Et Jésus est la meilleure offrande que Dieu nous a donnée. Et celle d'Abraham, notre père dans la foi, était anticipée et devancée, car il croyait contre toute espérance qu'un jour cela serait une réalité évidente et indéniable.

Nous devons donner à Dieu tout ce que nous avons de meilleur et de précieux.

Les mages connaissaient ce secret et vinrent de l'Orient avec des présents pour adorer l'enfant Jésus. Ils parcourent de longues distances suivant l'étoile du Roi des rois jusqu'à destination.

Ils donnèrent des offrandes de grande valeur à un roi nouveau-né, dans le crèche.

Quelle foi !

Ton corps est le Temple de Dieu. Cela est bien une bonne chose. Mais ta poche et ton carnet de chèque appartiennent à qui ?

Là où est notre trésor qui est la vie éternelle, c'est bien là que devra être notre cœur aussi.

Abraham était aussi un prophète de Dieu.

« ***Maintenant, rends la femme de cet homme; car il est prophète, il priera pour toi, et tu vivras. Mais, si tu ne la rends pas, sache que tu mourras, toi et tout ce qui t'appartient.*** » Genèse 20 :7

En tant que prophète de Dieu, Abraham mentit que sa femme était sa sœur pour la seconde fois chez Abimélec qui enlève Sarah, mais que Dieu récupéra avant qu'il ne la connut.

Notre imperfection et notre faillibilité ne doivent pas nous décourager ou nous frustrer à expérimenter la puissance cachée dans la foi en la Parole de Dieu au Nom de Jésus.

Abimélec fut contraint par Dieu de rendre sans délai la femme à Abraham et de lui présenter des sacrifices afin que Dieu enlève la stérilité sur sa maison.

On ne s'habitue pas aux hommes de Dieu. Il y a la bénédiction d'une part pour ceux qui les bénissent et la malédiction d'autre part pour ceux qui les maudissent.

Choisissons la bonne part. Bénissons les serviteurs de Dieu avec un cœur ouvert et plein de joie comme le faisant pour notre Dieu.

Abraham reçut la prêtrise de Melchisédek.

« ***Après qu'Abram fut revenu vainqueur de Kedorlaomer et des rois qui étaient avec lui, le roi de Sodome sortit à sa rencontre dans la vallée de Schavé, qui est la vallée du roi.***

Melchisédek, roi de Salem, fit apporter du pain et du vin: il était sacrificateur du Dieu Très Haut.

Il bénit Abram, et dit: Béni soit Abram par le Dieu Très Haut, maître du ciel et de la terre!

Béni soit le Dieu Très Haut, qui a livré tes ennemis entre tes mains! Et Abram lui donna la dîme de tout. » Genèse 14 :17-20

Abraham donna la dîme de tout à Melchisédek, roi de Salem, l'image de Jésus dans l'Ancien Testament.
Nous devons donner la dîme de tout ce qui entre dans notre vie afin de bénéficier de la bénédiction au centuple de la part de Dieu.

Chaque fois que nous donnons les dîmes et les offrandes, nous les adressons à Jésus, notre Seigneur et notre Sauveur qui est la Tête de l'Eglise.

Ne nous fions pas à l'humanisme des serviteurs de Dieu que peut nous refroidir dans l'exercice de notre obéissance et de notre fidélité envers notre Dieu.

CHANGEMENT DE NOM

« *Lorsqu'Abram fut âgé de quatre-vingt-dix-neuf ans, l'Éternel apparut à Abram, et lui dit: Je suis le Dieu tout puissant. Marche devant ma face, et sois intègre.*

J'établirai mon alliance entre moi et toi, et je te multiplierai à l'infini.

Abram tomba sur sa face; et Dieu lui parla, en disant:

Voici mon alliance, que je fais avec toi. Tu deviendras père d'une multitude de nations.

On ne t'appellera plus Abram; mais ton nom sera Abraham, car je te rends père d'une multitude de nations.

Je te rendrai fécond à l'infini, je ferai de toi des nations; et des rois sortiront de toi.

J'établirai mon alliance entre moi et toi, et tes descendants après toi, selon leurs générations: ce sera une alliance perpétuelle,

en vertu de laquelle je serai ton Dieu et celui de ta postérité après toi.

Je te donnerai, et à tes descendants après toi, le pays que tu habites comme étranger, tout le pays de Canaan, en possession perpétuelle, et je serai leur Dieu.

Dieu dit à Abraham: Toi, tu garderas mon alliance, toi et tes descendants après toi, selon leurs générations.

C'est ici mon alliance, que vous garderez entre moi et vous, et ta postérité après toi: tout mâle parmi vous sera circoncis.

Vous vous circoncirez; et ce sera un signe d'alliance entre moi et vous. » Genèse 17 :1-11

A 99 ans, Dieu apparut à Abraham pour lui changer son nom d'Abram en Abraham.

Il luit dit : « ***: Je suis le Dieu tout puissant. Marche devant ma face, et sois intègre.*** »

Voilà la recommandation de Dieu pour quiconque veut réussir dans sa mission.

- Marcher devant la face de Dieu et
- Demeurer intègre.

Qui a 99 ans parmi les lecteurs de ce présent exploit ?

Un jour est comme mille ans devant Dieu et mille ans comme le jour d'hier.

Nous avons parmi nous beaucoup de chrétiens de frontière et de rébellion. Ils ont un pied dans la Parole de Dieu et un autre pied dans celle du diable et du monde.

Notre Dieu est Tout-Puissant et rien ne peut lui résister.

Nous devons rester dans la présence de Dieu pour réussir dans tout ce que nous entreprendrons.

Dieu appela Abram alors qu'il avait encore 75 ans et revint pour établir l'alliance 24 ans plus tard.

Notre marche avec Dieu ressemble à une course athlétique. Il y en a qui font les 100 mètres plats. D'autres qui font les 200 mètres plats. D'autres encore les 400 mètres plats.

Il y en a qui font les 1500 mètres et d'autres plus loin qui font jusqu'à 10.000 mètres.

Marcher avec Dieu ressemble à quelqu'un qui monte dans un immeuble à plusieurs étages. Il peut prendre l'ascenseur ou les escaliers. Mais le but final est celui d'arriver à destination.

Cela me fait penser à l'ouvrier de la dernière heure. Il reçut le même salaire que celui de la première heure. Nous travaillons tous pour Dieu et nous aurons tous la vie éternelle, qui est le salaire pour chacun de nous.

Nous vivrons ainsi dans la présence de Dieu jour pour jour au-dessus du besoin et de la nécessité.

« ***Tu deviendras père d'une multitude de nations.*** »

Dieu dit à un homme vieux de 99 ans qu'il deviendra un père d'une multitude de nations.

Quelle folie !

« ***Car la prédication de la croix est une folie pour ceux qui périssent; mais pour nous qui sommes sauvés, elle est une puissance de Dieu.*** » 1 Corinthiens 1 :18

Les choses de Dieu sont une folie pour ceux qui périssent. Abraham ne considéra point son âge numérique. Il considéra plus la promesse de Dieu qui est infaillible, indiscutable et indéniable malgré son âge avancé et tout le temps passé dans le tâtonnement, hésitation, le doute et la peur.

« ***On ne t'appellera plus Abram; mais ton nom sera Abraham, car je te rends père d'une multitude de nations.*** »

C'est bien cela la nouvelle naissance. Mourir quant à la chair et vivre quand à l'Esprit.

Le nom a une influence directe sur son porteur. Evitons alors de donner de mauvais noms à nos enfants.
Après le changement de nom, voici les bénédictions destinées à Abraham :

«***Je te rendrai fécond à l'infini, je ferai de toi des nations; et des rois sortiront de toi.*** »

- Fécondité infinie,
- Faire de lui des nations et
- Des rois sortiront de lui.

Quelle folie !

Le langage de la foi est une folie devant celui du bon sens des hommes.

« ***Mais, comme il est écrit, ce sont des choses que l'œil n'a point vues, que l'oreille n'a point entendues, et qui ne sont point montées au cœur de l'homme, des choses que Dieu a préparées pour ceux qui l'aiment.*** » 1 Corinthiens 2 :9

D'un homme vieux de 99 ans, Dieu va sortir une fécondité infinie, des nations et des rois.

Nous créa l’homme dans la loi de :

- La fécondité
- La multiplication
- L’addition et
- La domination

« ***Dieu créa l'homme à son image, il le créa à l'image de Dieu, il créa l'homme et la femme.***

Dieu les bénit, et Dieu leur dit: Soyez féconds, multipliez, remplissez la terre, et l'assujettissez; et dominez sur les poissons de la mer, sur les oiseaux du ciel, et sur tout animal qui se meut sur la terre. » Genèse 1 :27-28

Nous n’allons pas multiplier ce qui ne nous appartient pas de peur de travailler comme des chiens de chasse pour les autres.

Dieu donnera à quiconque lira cet exploit sa part de bénédiction, il la multipliera, l’additionnera dans la domination et dans l’intégrité.

Je prie pour détruire toute forme de stérilité :

- Spirituelle,
- Physique ;
- Financière ;
- Matérielle et
- Emotionnelle.

Soyons tous féconds, chacun selon la mesure de grâce que nous donne Dieu et produisons des fruits dignes de notre conversion.

En gardant l'alliance avec Dieu, nous transmettons des bénédictions à nos enfants, à nos petits-enfants et à d'autres générations beaucoup plus loin après nous.

De même, en désobéissant à la Parole de Dieu, il y a des malédictions qui se transmettront après nous à ceux de notre lignée, malgré leur innocence.

Nous devons aussi enseigner à nos enfants à garder l'alliance de Dieu dans l'obéissance, la fidélité et la discipline.

Au temps d'Abraham, le signe était celui de la circoncision. Et il ne concernait que les hommes et les enfants mâles. Mais aujourd'hui, le signe d l'alliance est celui de la circoncision du cœur.

« ***La circoncision n'est rien, et l'incirconcision n'est rien, mais l'observation des commandements de Dieu est tout.*** » 1 Corinthiens 7:19

Les femmes et les fillettes étaient exclues dans l'Alliance Alliance qui contient 7 grandes alliances en elle. Dieu travaillait avec les hommes et il a porté le nom des hommes.

« ***Je suis le Dieu d'Abraham, le Dieu d'Isaac, et le Dieu de Jacob? Dieu n'est pas Dieu des morts, mais des vivants.*** » Mathieu 22 :32

Aujourd'hui par la foi en Jésus, dans la Nouvelle Alliance, que nous allons aborder vers la fin de ce présent exposé, nous voyons que nous pouvons tous devenir enfants de Dieu, sans encore tenir compte de la race, du sexe, de la nation et du niveau social.

« ***Car Dieu a tant aimé le monde qu'il a donné son Fils unique, afin que quiconque croit en lui ne périsse point, mais qu'il ait la vie éternelle.*** » Jean 3 :16

Par la foi en Jésus-Christ, le Fils Unique de Dieu, nous avons tous droit sans distinction à la vie éternelle dans la présence de Dieu.

L'initiative est venue de Dieu lui-même, depuis longtemps, bien avant la fondation du monde. Seul dans sa souveraineté, il trouva bon de nous donner son Fils Unique Jésus.

C'est dans son cœur que le sang de Jésus coula bien avant la fondation du monde, car à Golgotha, c'était seulement l'accomplissement de son dessein d'amour, de grâce et de miséricorde pour les hommes.

BENEDICTIONS DU CHANGEMENT DE NOM

« Dieu dit à Abraham: Tu ne donneras plus à Saraï, ta femme, le nom de Saraï; mais son nom sera Sarah.

Je la bénirai, et je te donnerai d'elle un fils; je la bénirai, et elle deviendra grande et des nations; des rois de peuples sortiront d'elle.

Abraham tomba sur sa face; il rit, et dit en son cœur: Naîtrait-il un fils à un homme de cent ans? Et Sarah, âgée de quatre-vingt-dix ans, enfanterait-elle?

Et Abraham dit à Dieu: Oh! Qu'Ismaël vive devant ta face!

Dieu dit: Certainement Sarah, ta femme, t'enfantera un fils; et tu l'appelleras du nom d'Isaac. J'établirai mon alliance avec lui comme une alliance perpétuelle pour sa postérité après lui.

A l'égard d'Ismaël, je t'ai exaucé. Voici, je le bénirai, je le rendrai fécond, et je le multiplierai à l'infini; il engendrera douze princes, et je ferai de lui une grande nation.

J'établirai mon alliance avec Isaac, que Sarah t'enfantera à cette époque-ci de l'année prochaine. » Genèse 17 :15-21

« ***Tu ne donneras plus à Saraï, ta femme, le nom de Saraï; mais son nom sera Sarah.*** »

Dieu changea le nom d'« ***Abram*** » en « ***Abraham*** » et après il donna l'ordre à ce dernier de changer celui de « ***Saraï*** » en « ***Sarah*** ».

Il n'y a pas de bénédiction sans nouvelle naissance. Nous devons changer de vie. Nous devons arrêter de vivre selon la chair pour vivre selon l'Esprit de Dieu, le Saint-Esprit qui est Dieu lui-même.

Nous devons prêter notre oreille à la Parole de Dieu et non à celle des hommes ou celle du diable.

« ***Je la bénirai, et je te donnerai d'elle un fils; je la bénirai, et elle deviendra grande et des nations; des rois de peuples sortiront d'elle.*** » genèse 17 :16

Sarah avait eu Ismaël en donnant sa servante égyptienne Agar à son mari Abraham. Cela n'était pas la volonté de Dieu. Et cela se passa avant le changement de leurs noms.

Notre Dieu prend toujours son temps pour nous donner la meilleure chose au bon moment.

Alors que les deux comptaient sur la tradition en s'attachant à Ismaël, Dieu voyait ce qu'ils ne voyaient pas. Le choix de Dieu était Isaac et non Ismaël.

C'est Dieu qui bénit et qui console son peuple en son temps malgré la durée des larmes de lamentation. L'accomplissement de la promesse de Dieu est comme la peau de la bête dont la peau servit à couvrir Adam et Eve et la solution des hommes est comme les feuilles de figuier qui se sèchent le même jour !

Dieu promit à Abraham de bénir particulièrement Sarah et donna même le nom d'Isaac au fils unique qui devait sortir de leur union, bien avant son accomplissement.

« ***Isaac*** » vient d'hébreu « ***Yitsh'aq*** » qui signifie « ***rire*** ». Et en lisant la Bible nous voyons qu'Abraham et Sarah, chacun de sa mère avait rigolé de doute se considérant trop poussé en âge pour avoir un enfant. ***Genèse 17 :17, 18 :2***

Dieu promit en son temps que Sarah deviendra grande et que des nations, des rois et des peuples sortiront d'elle.

« ***Naîtrait-il un fils à un homme de cent ans? Et Sarah, âgée de quatre-vingt-dix ans, enfanterait-elle?*** » Genèse 17 :17

Le doute comme l'incertitude, l'embarras et le désarroi, est un grand ennemi de la foi. Nous devons éviter de remettre en cause la Parole de Dieu car elle est infaillible et subsiste à jamais.

Abraham avait 100 ans et Sarah avait 99 ans. Comme un couple si vieux pouvait-il encore avoir un fils ?

Avec Dieu, tout est possible !

Il ne suffit que de croire en Jésus de tout notre cœur pour amener à l'existence ce que l'œil n'a pas encore vu et ce que l'oreille n'a jamais entendu.

« ***Dieu dit: Certainement Sarah, ta femme, t'enfantera un fils; et tu l'appelleras du nom d'Isaac. J'établirai mon alliance avec lui comme une alliance perpétuelle pour sa postérité après lui.*** » Genèse 17 :19

Certainement, Dieu continue à agir comme il avait agit dans le cas d'Abraham et de Sarah pour leur donner Isaac.

L'Alliance de Dieu était en Isaac et non en Ismaël qui naquit de la femme esclave.

Dieu promit à Abraham de bénir Ismaël mais l'Alliance Abrahamique était en Isaac puis en Jacob et enfin aux 12 tribus d'Israël avant de nous atteindre par la foi en Jésus.

« ***Sarah t'enfantera à cette époque-ci de l'année prochaine.*** » Genèse 18 :10

La naissance d'Isaac était prophétique et divinatrice à la fois. Et l'année prochaine, à la même époque, il naquit conformément à la Parole de Dieu.

Tant qu'Abraham et Sarah n'avaient pas changé de nom, Isaac restait encore dans la promesse et non dans la manifestation.

Parmi nous, nous avons beaucoup de gens qui passent beaucoup de temps en prière mais qui ne sont pas encore nés de nouveau. A cause de cela, la promesse leur faite ne se produit pas.

Nous devons avoir une vie de sanctification et de crainte de Dieu pour que se manifestent dans notre vie les promesses de Dieu.

SODOME ET GOMORRHE

« ***Alors l'Éternel dit: Cacherai-je à Abraham ce que je vais faire?*** » Genèse 18 :17

Dans l'Alliance, Dieu ne cache pas ses desseins à son serviteur.

Ce jour-là Dieu vint vers Abraham avec deux anges. Ce dernier les reçut et Sarah fit pour eux à manger.

Est-ce-que Dieu et les deux anges avaient vraiment faim ?

Sûrement pas !

Mais pourquoi manger alors que l'on vit au-dessus du besoin et de la nécessité ?

Juste pour bénir les autres.

Croyez-vous que Jésus ne pouvait pas faire tomber la pluie du ciel pour en boire de l'eau au lieu de supplier la femme samaritaine de le faire pour lui.

Dieu peut évangéliser et enseigner les âmes perdues tout seul, mais il a trouvé bon de nous confier cette noble mission pour notre bénédiction personnelle. Donner à Dieu, c'est mettre dans notre propre grenier car au jour de la disette, Dieu interviendra en notre faveur.

Dieu dit à Abraham ce qu'il allait faire à Sodome et Gomorrhe, car selon l'alliance conclut avec lui, il ne pouvait aucunement pas lui cacher ce qu'il allait faire dans cette ville aux hommes rebelles à sa volonté. Et Abraham se sentit ainsi responsable de secourir son frère Lot.

Quand nous prions pour les autres, nous n'avons pas besoin d'engager leur foi. C'est ainsi que Lot et sa famille furent conduits en dehors de la ville avant que le feu et le souffre ne descendent sur la ville de Sodome et de Gomorrhe.

Lot ne savait pas d'où venait ce secours par le biais de l'intercession de celui qui portait la promesse de Dieu.

Nous sommes sauvés pour sauver les autres et les conduire vers le Seigneur afin qu'eux aussi deviennent ses disciples.

Nous prions pour nos familles et pour celles des autres en quelques lieux qu'elles se trouvent afin que la main puissante de Dieu agisse en leur faveur, en ces moments difficiles où la terre toute entière est frappée par cette pandémie du Covid-19 venue de l'esprit de bête sauvage qui caractérise les scientifiques de ce siècle de vitesse, afin de leur démontrer que notre Dieu, dans sa souveraineté absolue, a le premier et dernier mot dans la vie de tous les hommes et que leur plan maléfique et pernicieux des populations du monde en commençant par l'Afrique soit totalement détruit et anéanti pour du bon.

Comme Lot fut sauvé par son frère Abraham, allons aussi apporter aux autres la Bonne Nouvelle de la venue du Seigneur sur les nuées, sans toujours voir le garder pour nous-mêmes.

Nous devons aller jusqu'aux extrémités de la terre pour annoncer cette Bonne Nouvelle du Royaume.

« ***Lot sortit, et parla à ses gendres qui avaient pris ses filles: Levez-vous, dit-il, sortez de ce lieu; car l'Éternel va détruire la ville. Mais, aux yeux de ses gendres, il parut plaisanter.***

Dès l'aube du jour, les anges insistèrent auprès de Lot, en disant: Lève-toi, prends ta femme et tes deux filles qui se trouvent ici, de peur que tu ne périsses dans la ruine de la ville.

Et comme il tardait, les hommes le saisirent par la main, lui, sa femme et ses deux filles, car l'Éternel voulait l'épargner; ils l'emmenèrent, et le laissèrent hors de la ville.

Après les avoir fait sortir, l'un d'eux dit: Sauve-toi, pour ta vie; ne regarde pas derrière toi, et ne t'arrête pas dans toute la plaine; sauve-toi vers la montagne, de peur que tu ne périsses. » Genèse 19 :14-17

« ***Mais, aux yeux de ses gendres, il parut plaisanter.*** » Genèse 19 :14

Les gendres de Lot ne crurent dans les paroles de Lot concernant la destruction de Sodome et Gomorrhe car c'était un décor très merveilleux à leurs yeux mais devant les yeux de Dieu, c'était voué à la ruine et à la destruction.

Ceux qui seront sauvés par notre évangélisation, pourront aussi comme Lot alla avertir ses gendres sur la catastrophe qui allait advenir sur les deux villes de Sodome et Gomorrhe.

Le libre arbitre des ceux qui nous entendront n'a rien à avoir avec notre bonne foi de prier pour eux ou de nous rendre à la rigueur physiquement vers eux.

« ***Et comme il tardait, les hommes le saisirent par la main, lui, sa femme et ses deux filles, car l'Éternel voulait l'épargner;*** » Genèse 19 :16

Lot tardait à sortir à quitter cette belle et grande ville. Alors les deux anges le saisirent par la main, avec sa femme et ses deux filles car Dieu avait exaucé la prière d'Abraham en sa faveur.

Il y a un danger dans ta famille. Il y a un danger dans le pays, mais Dieu peut changer les choses en leur faveur, juste à cause de ta prière d'intercession et de supplication.

« ***Sauve-toi, pour ta vie;*** »

Crois en Jésus pour ta vie qui ne s'arrête pas au dernier rectangle, mais qui doit entrer dans la vie éternelle. Si parmi ceux-là à qui tu as annoncé la Bonne Nouvelle, il se trouve des personnes qui te sont bien intimes et qui refusent de faire le bon choix, alors sauve-toi ne fusse-que pour ta propre vie.

« ***Ne regarde pas derrière toi,*** »

Il ne faut plus rentrer dans les œuvres mortes du pays d'Egypte car nous sommes appelés à porter des fruits dignes de notre conversion.

« ***Ne t'arrête pas dans toute la plaine;*** »

Nous ne devons pas nous arrêter dans la plaine qui représente les choses de ce monde.

« ***Sauve-toi vers la montagne,*** »

Il ne faut descendre dans la vallée. Il faut monter dans la montagne pour aller plus haut dans les choses célestes afin de vivre dorénavant selon l'Esprit et non plus selon la chair.

L'ACCOMPLISSEMENT DE LA PAROLE DE DIEU

« ***Le soleil se levait sur la terre, lorsque Lot entra dans Tsoar.***

Alors l'Éternel fit pleuvoir du ciel sur Sodome et sur Gomorrhe du soufre et du feu, de par l'Éternel.

Il détruisit ces villes, toute la plaine et tous les habitants des villes, et les plantes de la terre.

La femme de Lot regarda en arrière, et elle devint une statue de sel. » Genèse 19 :23-26

Au lever du jour, Dieu fit pleuvoir du ciel du soufre et du feu sur Sodome et Gomorrhe comme il l'avait annoncé à Abraham.

La destruction de Sodome et Gomorrhe était totale mais seulement sur les deux villes. Contrairement à celle du temps de Noé qui atteignit toute la terre, celle-ci tomba sur la ville de Lot et de ses gendres.

Dieu aime le pêcheur mais il hait le péché. Il vint au secours d'Adam et Eve dans le jardin pour les couvrir de la peau d'une bête. C'était l'ombre de la rédemption en Jésus.

Il enleva Hénoch de la terre avant le déluge, pour nous annoncer l'enlèvement de l'Eglise avant la Grande Tribulation qui viendra sur la terre.

Par la prière d'Abraham, il sauva Lot, sa femme et des deux filles. Ils sortirent à quatre : Lot, sa femme et ses deux filles. Mais la bonne foi de Lot ne sauva pas la vie à ses gendres. Et l'attachement de sa femme aux gendres qui restèrent dans la ruine et la destruction de ces deux villes l'ont fait retourner et elle se transforma en boule de sel.

Faisons le meilleur choix pendant qu'il fait encore jour afin que nous soyons du bon côté.

LA DESOBEISSANCE DE LA FEMME DE LOT

Il y avait en cette fois-ci quatre personnes que Dieu tira de Sodome et Gomorrhe avant la destruction de tous les habitants par le feu et le souffre.

La désobéissance emporta la femme de Lot. Une fois de plus c'était la manifestation du cheval pâle car le quart de la famille fut emporté.

Dans l'Alliance Edénique, la désobéissance emporta nos premiers parents et Dieu les y chassa. Et le serpent et la terre furent maudits.

Dans l'Alliance Adamique, la désobéissance de Caïn emporta le quart de la terre.

Dans l'Alliance Noachide, elle emporta toute la population de la terre, à l'exception de Noé et de sa famille ainsi que ces trois belles-filles.

Le déluge sépara les belles-filles de Noé de leurs familles respectives, comme les filles de Lot furent séparées de leurs prétendants maris avant de quitter Sodome et Gomorrhe. Et enfin, la désobéissance de la femme de Lot la sépara de son mari et de ses filles.

LES FILLES DE LOT

« *Lot quitta Tsoar pour la hauteur, et se fixa sur la montagne, avec ses deux filles, car il craignait de rester à Tsoar. Il habita dans une caverne, lui et ses deux filles.*

L'aînée dit à la plus jeune: Notre père est vieux; et il n'y a point d'homme dans la contrée, pour venir vers nous, selon l'usage de tous les pays.
Viens, faisons boire du vin à notre père, et couchons avec lui, afin que nous conservions la race de notre père.

Elles firent donc boire du vin à leur père cette nuit-là; et l'aînée alla coucher avec son père: il ne s'aperçut ni quand elle se coucha, ni quand elle se leva.

Le lendemain, l'aînée dit à la plus jeune: Voici, j'ai couché la nuit dernière avec mon père; faisons-lui boire du vin encore cette nuit, et va coucher avec lui, afin que nous conservions la race de notre père.

Elles firent boire du vin à leur père encore cette nuit-là; et la cadette alla coucher avec lui: il ne s'aperçut ni quand elle se coucha, ni quand elle se leva.

Les deux filles de Lot devinrent enceintes de leur père.

L'aînée enfanta un fils, qu'elle appela du nom de Moab: c'est le père des Moabites, jusqu'à ce jour.

La plus jeune enfanta aussi un fils, qu'elle appela du nom de Ben Ammi: c'est le père des Ammonites, jusqu'à ce jour. » Genèse 19 :30-38

« ***Sur la montagne,*** »

Ils habitèrent à trois sur la montagne, mais avec un comportement des plaines et des vallées.

« ***Viens, faisons boire du vin à notre père, et couchons avec lui, afin que nous conservions la race de notre père.*** »

La fille aînée de Lot utilisa du vin pour enivrer son père et coucha avec lui pour conserver la race du géniteur. C'est de l'inceste qui est une abomination devant Dieu.

« ***Nul de vous ne s'approchera de sa parente, pour découvrir sa nudité. Je suis l'Éternel.***

Tu ne découvriras point la nudité de ton père, ni la nudité de ta mère. C'est ta mère: tu ne découvriras point sa nudité.

Tu ne découvriras point la nudité de la femme de ton père. C'est la nudité de ton père. » Lévitique 18:6-12

« ***Tu ne découvriras point la nudité de la fille de ton fils ou de la fille de ta fille. Car c'est ta nudité.*** » Lévitique 18:10

« ***Tu ne découvriras point la nudité de la sœur de ton père. C'est la proche parente de ton père.***

Tu ne découvriras point la nudité de la sœur de ta mère. Car c'est la proche parente de ta mère.

Tu ne découvriras point la nudité du frère de ton père. Tu ne t'approcheras point de sa femme. C'est ta tante. » Lévitique 18:12-14

« ***Tu ne découvriras point la nudité de ta belle-fille. C'est la femme de ton fils: tu ne découvriras point sa nudité.***

Tu ne découvriras point la nudité de la femme de ton frère. C'est la nudité de ton frère. » Lévitique 18:15-16

La loi n'était pas encore donnée et la fille aînée de Lot influença sa petite-sœur et les deux couchèrent tour à tour avec leur propre père pour conserver sa race.

La solution humaine ressemble aux feuilles de figuier qui ne durent pas longtemps et qui finissent par de sécher et finalement être jetées au loin.

Le vin est une mauvaise chose. C'est une arme capable de faire perdre aux faibles la raison et la conscience. Les filles de Lot usèrent de cette arme dangereuse et intrépide et couchèrent avec leur propre père à son issu.

« ***Absalom donna cet ordre à ses serviteurs: Faites attention quand le cœur d'Amnon sera égayé par le vin et que je vous dirai: Frappez Amnon! Alors tuez-le; ne craignez point, n'est-ce pas moi qui vous l'ordonne? Soyez fermes, et montrez du courage!*** » 2 Samuel 13 :28

Amnon fut tué par le serviteur d'Amnon au moment où son cœur était égaré par le vin.

Nous devons faire attention à la consommation du vin car tout nous est permis, mais tout n'est pas utile.

Le vin égara le cœur de Lot qui se fit coucher avec ses propres filles qui ne s'aperçut de rien toutes les deux fois. Mais plus tard il s'en rendit compte que ces deux filles devinrent curieusement enceintes de lui.

Et ce fut trop tard. De cet inceste, sortirent respectivement Moab, le père des Moabites et Ben Ammi, le père des Ammonites qui combattirent les enfants d'Israël sur leur route vers la Terre Promise.

NAISSANCE D'ISAAC

« *L'Éternel se souvint de ce qu'il avait dit à Sara, et l'Éternel accomplit pour Sara ce qu'il avait promis.*

Sara devint enceinte, et elle enfanta un fils à Abraham dans sa vieillesse, au temps fixé dont Dieu lui avait parlé.

Abraham donna le nom d'Isaac au fils qui lui était né, que Sara lui avait enfanté.

Abraham circoncit son fils Isaac, âgé de huit jours, comme Dieu le lui avait ordonné.

Abraham était âgé de cent ans, à la naissance d'Isaac, son fils. » Genèse 21 :1-5

« *L'Éternel se souvint de ce qu'il avait dit à Sara,* »

Dieu n'oublie jamais une promesse faite car il est fidèle à sa propre Parole.

Une année plus tard, dans le respect de la loi cyclique, Sarah eut un enfant du nom d'Isaac. Ce nom n'a jamais été changé car il venait de Dieu.

Abraham respecta la loi de la circoncision et circoncit Isaac huit jours après sa naissance, comme Dieu le lui avait ordonné.

Cela réveilla la conscience de Sarah qui conclut en elle de chasser Ismaël et sa mère Agar, l'esclave d'origine égyptienne.

AGAR ET ISMAEL CHASSES PAR SARAH

« *Sara vit rire le fils qu'Agar, l'Égyptienne, avait enfanté à Abraham;*

Et elle dit à Abraham: Chasse cette servante et son fils, car le fils de cette servante n'héritera pas avec mon fils, avec Isaac.

Cette parole déplut fort aux yeux d'Abraham, à cause de son fils.

Mais Dieu dit à Abraham: Que cela ne déplaise pas à tes yeux, à cause de l'enfant et de ta servante. Accorde à Sara tout ce qu'elle te demandera; car c'est d'Isaac que sortira une postérité qui te sera propre.

Je ferai aussi une nation du fils de ta servante; car il est ta postérité. » Genèse 21 :9-13

« ***Chasse cette servante et son fils, car le fils de cette servante n'héritera pas avec mon fils, avec Isaac.*** »

Sarah qui donna Agar à Abraham pour lui enfanter sur ses cuisses Ismaël ordonne de partir avec sa mère Agar car elle a eu son propre fils Isaac.

La loi d'intérêt est comme un grain de sable dans le riz de la cohabitation en famille et dans la société. Il y a des gens qui se comportent comme des moustiques. Quand ils viennent dans la vie des autres, c'est pour piquer leur sang et les laisser avec de multiples maladies.

Et ce jour-là Dieu soutint Sarah, car Ismaël venait de la volonté des hommes et non de celle de Dieu.

Et chaque fois que nous suivons la voie des hommes ou celle du diable, nous sommes en dehors de la volonté de Dieu qui a le premier et le dernier mot dans la vie de chacun de nous.

« ***Accorde à Sara tout ce qu'elle te demandera; car c'est d'Isaac que sortira une postérité qui te sera propre.*** »

Dieu dit à Abraham de suivre la voix de sa femme et il le fit péniblement.

Dieu dans son amour infini, promit de faire une nation du fils d'Agar, servante de Sarah. Mais quant à l'Alliance Abrahamique, elle devait passer par Isaac et non par Ismaël. Et il en fut ainsi.

SACRIFICE D'ISAAC

« *Puis Abraham étendit la main, et prit le couteau, pour égorger son fils.*

Alors l'ange de l'Éternel l'appela des cieux, et dit: Abraham! Abraham! Et il répondit: Me voici!

L'ange dit: N'avance pas ta main sur l'enfant, et ne lui fais rien; car je sais maintenant que tu crains Dieu, et que tu ne m'as pas refusé ton fils, ton unique.

Abraham leva les yeux, et vit derrière lui un bélier retenu dans un buisson par les cornes; et Abraham alla prendre le bélier, et l'offrit en holocauste à la place de son fils.

Abraham donna à ce lieu le nom de Jehova Jiré. C'est pourquoi l'on dit aujourd'hui: A la montagne de l'Éternel il sera pourvu.

L'ange de l'Éternel appela une seconde fois Abraham des cieux,

Et dit: Je le jure par moi-même, parole de l'Éternel! Parce que tu as fais cela, et que tu n'as pas refusé ton fils, ton unique,

Je te bénirai et je multiplierai ta postérité, comme les étoiles du ciel et comme le sable qui est sur le bord de la mer; et ta postérité possédera la porte de ses ennemis.

Toutes les nations de la terre seront bénies en ta postérité, parce que tu as obéi à ma voix. » Genèse22 :10-18

«***N'avance pas ta main sur l'enfant, et ne lui fais rien; car je sais maintenant que tu crains Dieu, et que tu ne m'as pas refusé ton fils, ton unique.*** »

Les anges nous accompagnent. Ils nous voient alors que nous ne les voyons pas. Ils constituent l'armée invisible de Dieu.

Abraham avait montré cette fois-ci sa fidélité envers Dieu et était sur le point de tuer son fils unique afin de l'offrir en holocauste devant Dieu.

Est-ce-que Dieu avait vraiment besoin de ce sacrifice ?

Non.

Il voulait tout simplement voir si Abraham le craignait.

« ***Abraham donna à ce lieu le nom de Jehova Jiré. C'est pourquoi l'on dit aujourd'hui: A la montagne de l'Éternel il sera pourvu.*** »

Jehova Jiré : le Dieu Pourvoyeur.

Oui, notre Dieu a une solution à tous nos problèmes. Croyons seulement et nous verrons sa gloire.

« ***Car que dit l'Écriture? Abraham crut à Dieu, et cela lui fut imputé à justice.*** » Romains 4 :3

La foi en Dieu nous fait imputer à justice. Et le juste vivra par la foi.

La foi d'Abraham en Dieu fut démontrée par sa soumission au sacrifice de tout ce qu'il avait d meilleur et d'intime. Donner à Dieu c'est mettre dans sa propre réserve.

« ***Parce que tu as fais cela, et que tu n'as pas refusé ton fils, ton unique,***

Je te bénirai et je multiplierai ta postérité, comme les étoiles du ciel et comme le sable qui est sur le bord de la mer; et ta postérité possédera la porte de ses ennemis. »

A cause de son sacrifice sublime sur son fils unique, la préfiguration de Jésus sur la croix, Dieu bénit Abraham et multiplia sa postérité comme les étoiles du ciel et comme le sable sur le bord de la mer.

Et comme Dieu épargna Isaac par le sacrifice d'un bélier venu de lui-même, ainsi Jésus ressuscita des morts au troisième jour pour nous confirmer de notre héritage de la vie éternelle qui nous attend dans les cieux.

SUCCESSION

Après la mort de Sarah, Abraham prépara Isaac à le remplacer un jour.

« ***Abraham était vieux, avancé en âge; et l'Éternel avait béni Abraham en toute chose.***

Abraham dit à son serviteur, le plus ancien de sa maison, l'intendant de tous ses biens: Mets, je te prie, ta main sous ma cuisse;

Et je te ferai jurer par l'Éternel, le Dieu du ciel et le Dieu de la terre, de ne pas prendre pour mon fils une femme parmi les filles des Cananéens au milieu desquels j'habite,

Mais d'aller dans mon pays et dans ma patrie prendre une femme pour mon fils Isaac. » Genèse 24 :1-4

Quand on croit en Dieu de tout son cœur, il bénit spirituellement, physiquement, financièrement, matériellement et même émotionnellement.

« ***Mets, je te prie, ta main sous ma cuisse;*** »

Abraham jura par serment de pas prendre pour son fils une femme parmi les Cananéens car ils portaient une malédiction.

Nous avons bien de problèmes dans la société modernes à cause du mariage entre des peuples différents.

Ce mélange de sang provoque des malédictions incontrôlables dans la vie des enfants. Mais j'ai une bonne nouvelle pour quiconque se retrouve dans pareille circonstance et je crois que quiconque croira en Jésus, le Fils Unique de Dieu qui fait l'objet central de notre présent exposé sera délivré de toutes les malédictions de sang et des familles.

C'est ainsi qu'il envoya son serviteur prendre une femme pour Isaac dans sa partie. Et aux enfants de Dieu de bien pouvoir se marier dans le Seigneur.

Chaque fois que l'on va en dehors de la bergerie, on se marie à un loup ou à une louve et le résultat final est horrible, abominable et ignoble.

Brebis du Seigneur, restons dans la bergerie et suivons la voix du Bon Berger. Il n'y a qu'une seule bergerie et un seul Berger, notre Seigneur Jésus.

Une des raisons pour laquelle Isaac réussit dans sa vie est que il a eut une bonne femme.

Isaac engendra deux fils, des jumeaux : Esaü et Jacob. Et le choix de Dieu se dirigea vers le plus jeune comme ce fut pour Isaac.

Il y a eu des malédictions qui se sont transmises d'Abraham à Isaac, puis à Jacob et même aux douze tribus d'Israël.

TRANSMISSION DES MALEDICTIONS D'ABRAHAM A ISAAC

« Il y eut une famine dans le pays, outre la première famine qui eut lieu du temps d'Abraham; et Isaac alla vers Abimélec, roi des Philistins, à Guérar.

L'Éternel lui apparut, et dit: Ne descends pas en Égypte, demeure dans le pays que je te dirai.

Séjourne dans ce pays-ci: je serai avec toi, et je te bénirai, car je donnerai toutes ces contrées à toi et à ta postérité, et je tiendrai le serment que j'ai fait à Abraham, ton père.

Je multiplierai ta postérité comme les étoiles du ciel; je donnerai à ta postérité toutes ces contrées; et toutes les nations de la terre seront bénies en ta postérité,

Parce qu'Abraham a obéi à ma voix, et qu'il a observé mes ordres, mes commandements, mes statuts et mes lois.

Et Isaac resta à Guérar.

Lorsque les gens du lieu faisaient des questions sur sa femme, il disait: c'est ma sœur; car il craignait, en disant ma femme, que les gens du lieu ne le tuassent, parce que Rebecca était belle de figure.

Comme son séjour se prolongeait, il arriva qu'Abimélec, roi des Philistins, regardant par la fenêtre, vit Isaac qui plaisantait avec Rebecca, sa femme.

Abimélec fit appeler Isaac, et dit: certainement, c'est ta femme. Comment as-tu pu dire: c'est ma sœur? Isaac lui répondit: J'ai parlé ainsi, de peur de mourir à cause d'elle.

Et Abimélec dit: Qu'est-ce que tu nous as fait? Peu s'en est fallu que quelqu'un du peuple n'ait couché avec ta femme, et tu nous aurais rendus coupables.

Alors Abimélec fit cette ordonnance pour tout le peuple: Celui qui touchera à cet homme ou à sa femme sera mis à mort. » Genèse 26:1-11

Comme son père Abraham, Isaac aussi dit aux autres que sa femme était sa sœur. C'est une malédiction de famille et de sang.

Heureusement dans son cas, Abimélec qui avait été frappé par Dieu pour avoir enlevé la femme d'Abraham avant, ne voulut point tomber dans le même piège ouvrir la porte une seconde fois.

Il appela au contraire Isaac pour le reprocher sur cette attitude maléfique similaire à celle de son père Abraham. Et il les protégea ainsi en faisant une ordonnance pour tout le peuple en soulignant que quiconque touchera à l'un d'eux, sera mis à mort.

Rebecca aussi avec un problème de stérilité comme sa belle-mère Sarah.

« ***Isaac implora l'Eternel pour sa femme, car elle était stérile, et l'Eternel l'exauça: Rebecca, sa femme, devint enceinte.*** » Genèse 25 :21

La stérilité se retrouva aussi dans la maison d'Isaac.

Cependant il implore le Dieu du Ciel qui exauça sa prière et sa femme Rebecca devint finalement enceinte.

Nous voyons que les malédictions des familles sont sous de fois répétitives et itératives. Mais une prière de foi peut la chasser et la remplacer par une bénédiction.

En dehors du péché, nous sommes exposés aux malédictions des familles et des générations. Nous ne devons pas croiser les bras en face des malédictions des familles. Nous devons prier sans cesse car la foi chrétienne n'est pas une vie des spectateurs mais celles des missionnaires et des moissonneurs du Seigneur.

C'est ainsi que dans certaines familles, les gens meurent souvent de la même manière et même à des heures similaires.

Il y en a qui meurent avec les mêmes types de maladies héréditaires.

CAS DE JACOB

Jacob trompa son propre père Isaac qu'il était Esaü afin de lui arracher la bénédiction du droit d'aînesse. Evidement il était encore dans les reins de son père quand il trompait Abimélec en disant que Rebecca était sa sœur.

Et ira plus loin pour se faire tromper par son beau-père Laban qui lui donna Léa à la place de Rachel.

« ***Ainsi Jacob servit sept années pour Rachel: et elles furent à ses yeux comme quelques jours, parce qu'il l'aimait.***

Ensuite Jacob dit à Laban: Donne-moi ma femme, car mon temps est accompli: et j'irai vers elle.

Laban réunit tous les gens du lieu, et fit un festin.

Le soir, il prit Léa, sa fille, et l'amena vers Jacob, qui s'approcha d'elle.

Et Laban donna pour servante à Léa, sa fille, Zilpa, sa servante.

Le lendemain matin, voilà que c'était Léa. Alors Jacob dit à Laban: Qu'est-ce que tu m'as fait? N'est-ce pas pour Rachel que j'ai servi chez toi? Pourquoi m'as-tu trompé?

Laban dit: Ce n'est point la coutume dans ce lieu de donner la cadette avant l'aînée. »
Genèse 29 :20-26

« ***Pourquoi m'as-tu trompé?*** »
Parce que selon la coutume, du lieu ou du pays, on ne donne pas la cadette avant l'aînée.

Et aussi parce que Jacob avait menti son père, le voilà maintenant trompé par son propre beau-père.

En Afrique, le beau-père est l'image de la sagesse, de la confiance et de l'honneur. Il ne peut pas tromper son beau-fils.

Les malédictions des familles ne tiennent pas compte des valeurs humaines, elles sont une prison de laquelle, seule la Parole de Dieu devra nous tirer.

Nous devons avoir l'habitude de briser les liens des malédictions des familles individuellement et collectivement car elles partent et reviennent d'une manière ou d'une autre.

Dans le cas de Jacob, elles l'ont amené à une polygamie involontaire et machinale.

Il partit initialement pour une femme et revint avec quatre dont deux livres et deux esclaves.

Abraham son grand-père avait une seule femme au début et plus tard, Sarah lui amena Agar, la servante égyptienne dans son lit pour lui donner Ismaël en dehors de la volonté de Dieu.

Quand elle eut son propre fils Isaac, elle l'obligea à la renvoyer avec l'enfant Ismaël vers le désert. Et après il prit plusieurs femmes et concubines et eut des fils et des filles.

Après la mort de sa femme Sarah, il prit plusieurs femmes et eurent plusieurs enfants parmi lesquels Madian de qui naquit Jéthro, le beau-père de Moïse.

Si Abraham lui-même qui reçut l'alliance qui porte son nom de la part de Dieu, n'a pas pu atteindre la perfection, à combien plus forte raison ne pourraient-ils pas de temps en temps tomber pour se relever tant bien que mal ?

Les malédictions se multiplient plus rapidement que les bénédictions.

C'est pour cela qu'il y a eu des personnes auxquelles Dieu changea de nom.

Dieu changea le nom d'Abram en Abraham et celui de Saraï en Sarah. ***Genèse 17 :15***

Dieu changea le nom de Jacob en celui d'Israël, car il lutta avec Dieu toute la nuit. ***Genèse 32 :28***

Aucune des alliances de l'Ancien Testament ne put sauver les hommes en général ou le peuple d'Israël en particulier.

Cela montre à suffisance que sans Jésus, nous ne pouvons rien faire de valable et d'acceptable devant notre Dieu.

CONCLUSION

Pendant toute la durée de l'Alliance Abrahamique, la loi n'était pas encore écrite sur les tables. Les commandements de Dieu ainsi que ses instructions se passaient de bouche à oreille et de fois par des visions.

Isaac engendra Esaü et Jacob et ce dernier arracha la bénédiction en suivant le conseil de sa mère Rebecca qui fut aussi stérile pendant un temps comme Sarah.

Jacob engendra les douze tribus d'Israël des quatre femmes dont :

- Deux femmes libres : Léa et Rachel et
- Deux femmes esclaves : Zilpa et Bilha.

Après la mort de Rachel, Joseph fut vendu en Egypte par ses frères. Et plus tard toute sa famille le rejoignit en Egypte à cause de la famine qui était dans le pays.

430 ans plus tard, Dieu suscita un libérateur : Moïse qui portait le nom que lui avait donné la fille de Pharaon qui l'avait tiré des eaux.

Sa vie fut divisée en trois grandes étapes :

- 40 ans en Egypte,
- 40 ans chez Jéthro et
- 40 ans de ministère.

C'est celui qui est la personne centrale dans l'Alliance qui porte son nom que nous allons bientôt découvrir.

« ***Il nous a aussi rendus capables d'être ministres d'une nouvelle alliance, non de la lettre, mais de l'esprit; car la lettre tue, mais l'esprit vivifie.*** » 2 Corinthiens 3 :6

Après l'Alliance Mosaïque, Palestinienne et Davidique ; nous allons aborder la Nouvelle Alliance qui dépend de l'esprit et non de la lettre.

A lui seul Dieu soit toute la gloire !

L'AUTEUR

Sylvanus Mulowayi Wa Kayumba, né le 02/10/1963 dans la petite ville minière de Kolwezi dans la province du Grand Katanga, en République Démocratique du Congo, dans une famille de 8 garçons et 2 filles.

Sa plume remonte aux années 1983 comme dramaturge et acteur monologue, habitué à évoluer en soldat solitaire.

Traducteur Assermenté et Polyglotte, il a beaucoup écrit sur le social, le divin et est l'imaginaire.

Aumônier et prédicateur de la bonne nouvelle du royaume de Dieu, il est aussi un ami des prisonniers et des malades.

Dans un style simple embaumé de microcosme, il continue sa trotte tant qu'il y aura encore de l'encre dans son encrier.

Co-fondateur du Culte Anglophone dans la Ville de Lubumbashi dans la Province du Grand Katanga en République Démocratique du Congo en 1993.

En 2002 dans la Ville de Kinshasa, il participa efficacement à l'installation du Ministère du Réseau Global pour la Nouvelle Alliance et ouvrit une émission chrétienne à la télévision « ONLY JESUS » avant de se concentrer totalement à la littérature théologique pratique jusqu'à ce jour.

Ouvert à tous, pour la cause commune !

L'Auteur

TABLE DES MATIERES

ALLIANCE ABRAHAMIQUE

Pendant toute la durée de l'Alliance Abrahamique, la loi n'était pas encore écrite sur les tables. Les commandements de Dieu ainsi que ses instructions se passaient de bouche à oreille et de fois par des visions.

Si Abraham lui-même qui reçut l'alliance qui porte son nom de la part de Dieu, n'a pas pu atteindre la perfection, à combien plus forte raison ne pourraient-ils pas de temps en temps tomber pour se relever tant bien que mal ?

Après cette alliance, est venue respectivement l'Alliance Mosaïque, Palestinienne et Davidique et avec Jésus a commencé la Nouvelle Alliance qui dépend de l'esprit et non de la lettre.

A lui seul Dieu soit toute la gloire !

Sylvanus MULOWAYI n'est plus à présenter. Il se cache dorénavant derrière ses œuvres littéraires qui sont nombreuses et variées en ligne où il parle du divin, du social et de l'imaginaire afin de ramener le fort et le faible autour d'une même table pour un repas fraternel.

La Fourmi du Seigneur

Printed by Books on Demand GmbH, Norderstedt / Germany